I0173972

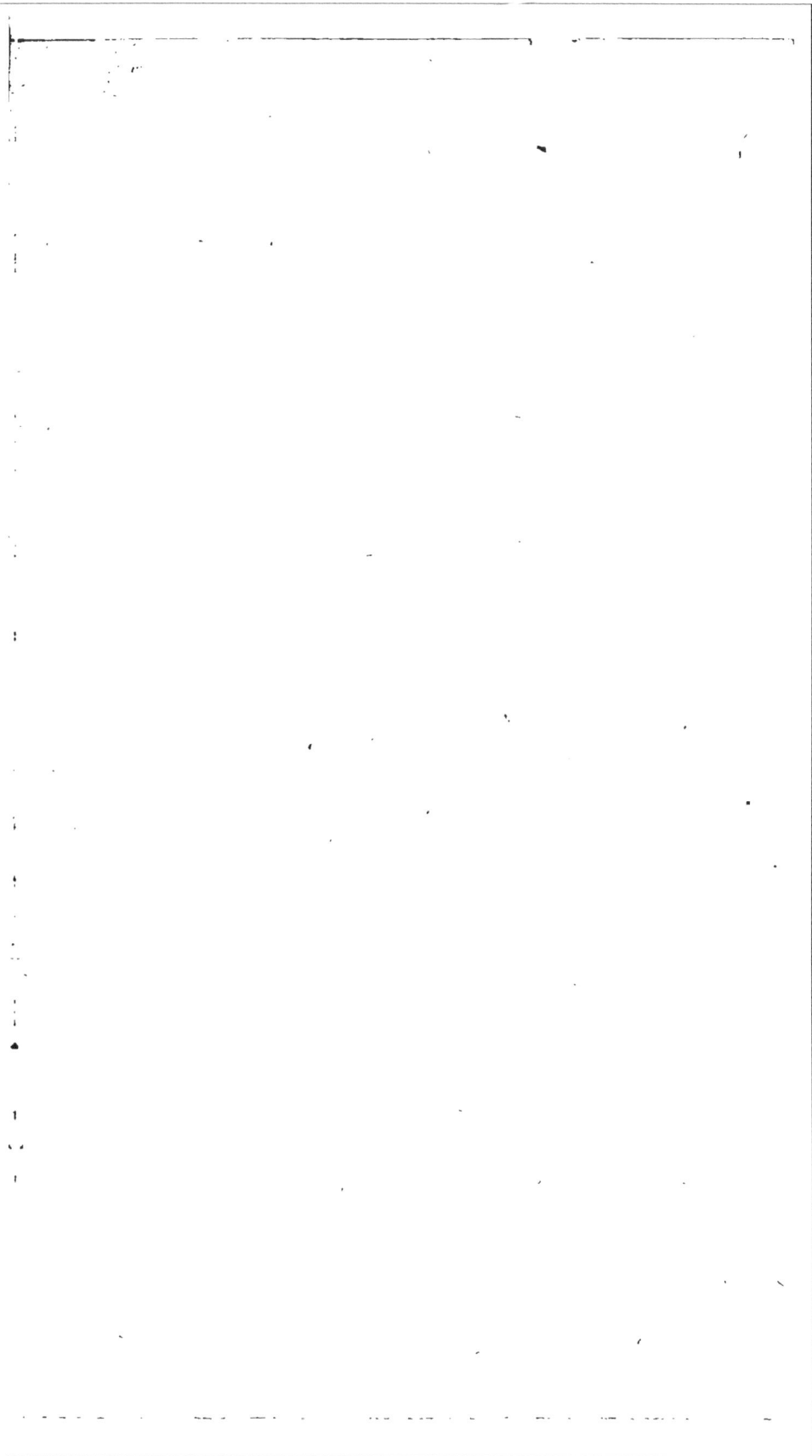

MÉMOIRE HISTORIQUE

SUR

LE MAS-D'AZIL (ARIÉGE).

MÉMOIRE HISTORIQUE

SUR

LE MAS-D'AZIL

(ARIÉGE),

PAR

J. F. S. S.t PAUL.

> Tous les hommes sont frères,
> et doivent s'aimer comme tels.
>
> F.

—

TOULOUSE,

IMPRIMERIE DE K.-CADAUX,

RUE DE LA TRINITÉ, 8.

—

1843.

AVIS.

—

Les documents relatifs à l'origine du Mas-d'Azil et au siége qu'il soutint durant les guerres de religion étaient sur le point de disparaî re par suite de leur rareté ou vétusté. J'ai cru devoir être utile à mon pays adoptif, en préservant de l'oubli des événements qui ont droit à son intérêt.

C'est le but du mémoire que je lui dédie dans un sentiment d'affection.

Saint Paul.

LE MAS-D'AZIL.

—

CHAPITRE PREMIER,

—

Le Mas-d'Azil, chef-lieu de canton, situé dans la partie occidentale du département de l'Ariége, à 263 mètres au-dessus du niveau de l'Océan, est assis au milieu d'un vallon resserré, de toutes parts également fermé d'une montagne qui ne semble séparée en aucun endroit. On ne voit ni l'entrée ni l'issue d'une petite rivière dont l'eau vive coule dans un canal agréable ; et décrivant un arc de cercle , baigne du sud au nord les murailles de la ville. A la voir serpenter dans la plaine, on dirait que la nature la fait naître et mourir dans le même vallon où son cours n'a qu'environ une demi-lieue d'étendue. A dix minutes de la ville, en remontant vers le sud-ouest, la montagne s'ouvre par le bas des deux côtés, et laissant à l'Arise (1) un vaste passage, forme une grotte immense dont la voûte lisse et unie, soutenue par un pilier

(1) Cette rivière prend naissance dans les montagnes d'Esplas, et se décharge dans la Garonne presqu'en face de Carbonne après un cours de 12 heures : elle est très-poissonneuse.

naturel, présente aux yeux du contemplateur étonné un spectacle à la fois effrayant et sublime.

La vue de ce souterrain est admirable : ici, une longue galerie ; là, d'étroites et hautes corniches ; ailleurs, des corridors latéraux dont les profondeurs se cachent dans une nuit impénétrable, et où le fumier des chauves-souris exhale sans cesse une odeur nauséabonde ; plus loin, un roc en saillie forme un pont suspendu : à côté, des abîmes dont l'œil mesure avec effroi la profondeur ; et de toutes parts, un bruit sourd et confus, des grondements solennels et menaçants : c'est l'Arise dans ces solitudes souterraines, brisant ses eaux contre les énormes rochers qui gênent son passage.

Cette immense caverne n'est pas moins majestueuse au dehors qu'au dedans. D'un

côté, c'est une ouverture large, grandio-
se, tapissée de guirlandes de verdure qui
descendent du haut de la voûte jusqu'à la
rivière, et qui agitées par le vent forment
un gracieux spectacle quand le soleil vient
le matin éclairer ce tableau (1). De l'autre
côté, l'ouverture est plus basse, et le rocher d'une masse plus imposante et plus
horrible s'élève en amphithéâtre et forme
trois galeries, dont l'une excite la plus
grande admiration. C'est un chemin spa-
cieux d'environ 400 mètres de longueur,
partout naturellement taillé dans le roc,
auquel on a donné le nom de *solitaire*.
Quelques filets d'eau fraîche suintent de
la voûte élevée qui couvre la galerie : au-

(1) Cette ouverture a environ 80 mètres de
haut, sur 48 mètres 70 centimètres de large.
L'élévation de la voûte est dans quelques endroits plus considérable.

dessous, la rivière bouillonne dans des gouffres qu'elle a creusés dans le roc, se brise et mugit; coule enfin dans le vallon, en arrose les prés et les jardins; puis, s'enfuyant en silence parmi les arbres nombreux qui bordent son rivage, elle s'épanche entre deux montagnes si près l'une de l'autre, qu'elles semblent se donner la main.

Quand on visite la grotte, on trouve à l'entrée qui regarde la ville, les restes d'un mur où s'élevait naguère un portail que la main du temps avait dégradé, et que la rage dévastatrice des hommes a entièrement renversé, quand le marteau de la Révolution mutila tant de précieux monuments. La clef de la voûte sur laquelle étaient sculptées des armoiries qui auraient rappelé aux générations futures quelques souvenirs, a été placée, je le

dis à regret, au contre-cœur de la chemi-
née d'un pauvre vigneron (1).

Si, quittant cette merveille de la nature,
vous poursuivez la route rapide et tor-
tueuse qui conduit au haut de la côte de
Baudet, vous voyez devant vous, à peu
de distance, sur une montagne hérissée
de rochers, les ruines du château de Ro-
quebrune. N'y allez pas pour interroger
les siècles passés : car, il a subi la loi du
temps, et de toute son antiquité il ne
reste que de misérables débris. Mais si
vous gravissez la montagne, de là vos re-

---

(1) Le vigneron et les gens âgés en général se
souviennent que des vaches figuraient dans ces
armoiries dont il ne reste plus aujourd'hui que
le monogramme HI répété à droite et à gauche
de la place qu'occupait l'écusson qui est entièrement dévoré par le feu. On pense communé-
ment que la construction de ce portail remon-
tait à Jeanne d'Albrèt.

gards se reposeront agréablement sur les verdoyantes prairies de Plagne que rafraîchit la rivière dans son cours sinueux. C'est presque de toutes parts un horizon resserré, borné au nord par une chaîne de rochers parallèles à la route qui s'élèvent perpendiculairement et comme un immense rempart au-dessus du hameau de Mauri; plus loin, par le hameau de Rainaude que domine sa chapelle rustique, et d'un autre côté, par les flancs boisés des montagnes; mais à l'ouest, la perspective n'est bornée que par la masse imposante des Pyrénées, dont les sommets lointains laissent apercevoir leurs formes irrégulières au milieu des vapeurs bleuâtres de l'horizon.

Le vallon du Mas-d'Azil est sinon aussi fertile que celui de Plagne, du moins plus varié et plus riant. En effet, les chaînes de

rochers qui l'entourent, et dont les dente-
lures grisâtres sont interrompues par des
touffes de buis et de plantes aromatiques;
le fertile vignoble qui couvre la pente de
ces montagnes et dont le vin délicat mérite d'être comparé pour la saveur et la fi-
nesse aux vins ordinaires de Bourgogne;
les arbres fruitiers qui y croissent en grand
nombre, et qui ombragent çà et là de simples cabanes, complètent le tableau le
plus intéressant comme le plus pittoresque.
Mais que de fois, hélas! n'a-t-on pas vu
après un violent orage, l'abondance des
eaux se précipiter par torrents du haut
de ces montagnes, entraîner dans son
cours des pierres énormes, arracher du
sein de la terre des vignes et des arbres;
ou dégrader par des éboulements dont les
dommages ne peuvent être réparés que
par des travaux longs et pénibles, ces

terres que des murs innombrables sou-
tiennent en amphithéâtre et qui ne doivent
leur fertilité qu'aux soins persévérants du
laborieux cultivateur (1).

Le sommet de ces montagnes est cou-
ronné par quelques petites maisons dont
le site est agréable. Dans la partie ouest,
sous de chènes antiques, on trouve une
énorme pierre brute qui mérite l'attention
des archéologues : elle est élevée en forme
d'autel, sa surface est dégradée par le
temps, et ses côtés inégaux dépassent
considérablement trois pierres de moyenne
grandeur, placées de champ, deux paral-

(1) On lit dans les archives de la Mairie que
le 8 mai 1781, un orage affreux, mêlé de grêle,
tel qu'on n'en avait pas vu de mémoire d'homme, jeta cette ville dans la consternation. Le 18
mai 1841, une grande quantité de grêle et un
vent épouvantable ravagèrent aussi nos pro-
priétés.

lèlement, et l'autre à angle droit, sur les-
quelles elle est appuyée. Quel est le la-
boureur des campagnes voisines qui ne
s'est assis une fois sur cette table pour
prendre son modeste repas? Que de fois
ne lui a-t-elle servi pour se mettre à l'a-
bri de l'orage, ou à l'ombre pendant la
chaleur du jour? Et peut-être qu'à des
temps reculés, c'était là, sur cette pierre,
que les Druides gaulois immolaient à
leurs Dieux des victimes humaines.

Non loin de là, est la grotte de Peyron-
nar, remarquable par les nombreuses et
diverses stalactites qui couronnent sa
voûte; mais ici, comme dans toutes les
grottes de ce genre, la main dévastatrice
des égoïstes visiteurs vient s'opposer à
l'accroissement de ces richesses. Cependant elle n'est point indigne de l'attention et
de l'intérêt des amateurs et des curieux.

Voyez au milieu de la grotte ce bloc isolé
qui s'élève du sol, contemplez sa grandeur et sa forme : ne vous semble-t-il pas
que la nature l'ait placé là pour dominer sur
ces cavités souterraines? A des temps de
douloureuse mémoire, cette stalagmite
prodigieuse servit, dit-on, de chaire à
des pasteurs protestants qui expliquaient
les doctrines de la Bible à un auditoire
nombreux que la crainte des châtiments et
l'amour de la prière attiraient dans cette
silencieuse retraite.

A l'est de la ville, à une distance de 4
kilomètres et demi, sur le chemin de Gabre, au-delà des sites riants de Castagnés
qu'au printemps le rossignol chérit, et où,
pendant les chaleurs de l'été, règne une
délicieuse fraîcheur; non loin de cette
fertile aunaie et de ces jolies avenues de
peupliers d'Italie qui bordent la rivière et

le chemin, est une belle et vaste fabrique d'alun dont les produits supérieurs lui assurent un rang distingné parmi les fabriques de ce genre : ils ont figuré avec distinction en 1819 à l'exposition des produits de l'industrie française, et ont mérité à MM. Delpech frères et compagnie , une médaille de bronze qui depuis a été rappelée plusieurs fois.

La ville est traversée du nord au sud par la route royale n° 119, dite de Carcassonne à Saint-Girons. Aucun beau monument n'arrête l'attention du voyageur. Le pont jeté sur l'Arise a deux arches en pierre, il est d'une construction solide. Les maisons sont en général fort anciennes, enfumées, mal bâties, et quelques-unes peu saines à cause de la grande humidité du sol. Il est vrai cependant que le Mas-d'Azil participe aussi au mouvement

général, et que plusieurs particuliers rem-
placent chaque jour de vieilles masures
par des maisons saines et commodes. On
y compte 1800 habitants : tous ne suivent
pas la même croyance religieuse. Les Catholiques et les Protestants sont mi-partis;
mais quoique divisés sur le culte, ils sont
réunis sur les devoirs.

Il y a peu d'industrie dans le pays :
néanmoins on ne peut contester qu'elle
n'y fasse quelque progrès. En effet, outre
la fabrique d'alun dont je viens de parler
(1), nous avons maintenant une forge à la
Catalane, qui passe pour la plus belle de
l'Ariége, elle est bâtie près de la grotte ;
les roches effrayantes qui la dominent sem-

(1) En 1839 on ajouta à cet établissement une
chambre de plomb pour la fabrication de l'acide
sulfurique.

blent la menacer de l'ensevelir sous leurs
ruines. Et jamais avant nous on n'exploita
avec plus de succès les plâtrières du hameau de Gausseran dont le plâtre rougeâ-
tre est employé avec un grand avantage
surtout pour l'engrais des prairies artifi-
cielles. Ajoutez à cela un moulin à huile,
trois a blé et un à plâtre, deux foulons et
une scierie à bois. Quelques fabriques de
peignes, de buis et de corne, ainsi qu'une
mécanique nouvellement établie pour car-
der et filer la laine, occupent peu d'ou-
vriers, et méritent à peine d'être men-
tionnées. Le commerce des céréales y de-
vient chaque jour plus important; et l'é-
ducation des vers-à-soie, encore peu
étendue, tend à se propager davantage.

Parmi les produits de ces contrées, c'est
ici le lieu de rappeler le sel fin et blanc
comme la neige qui nous vient du puits

salant (1) de Cammarade, commune li-
mitrophe, ainsi que ses bons fromages,
vulgairement appélés *Chibichous*, dont la
réputation bien méritée s'etend au loin.
Qui ne connaît aussi les bonnes figues et

(1) Par arrêté de Monsieur le Préfet du département de l'Ariége, en date du 22 mars
1843, pris en vertu des lettres de Monsieur le
Conseiller d'État, Directeur Général des Con-
tributions Indirectes, en date du 24 septembre
1842, 9 janvier et 10 mars 1843 qui invoque la
loi du 17 juin 1840, l'ordonnance réglementaire
du 7 mars 1841 et la loi du 27 avril 1838, le
puits salant de Cammarade a été interdit et im-
médiatement fermé par l'Autorité Municipale de
manière qu'aucune extraction d'eau ne peut être
faite.

Un article de l'Arrêté de Monsieur le Préfet
porte que si la source qui alimente le puits
vient à sourdre, les habitants pauvres de la
commune de Cammarade pourront y puiser en
petites quantités (environ 10 litres à la fois) pour
saler leurs aliments.

les belles pèches que le Mas-d'Azil et les
communes voisines fournissent abondam-
ment au département de l'Ariége ? Depuis
le mois d'août jusqu'au 15 octobre, il se
tient dans cette ville trois marchés par semaine pour la vente de ces fruits. Dans les
années abondantes j'en ai souvent vu dans
la halle jusqu'à trois cents corbeilles à la
fois.

L'instruction est peu répandue parmi la
nombreuse population ouvrière; mais aujourd'hui grâce au bienfait de la loi sur
l'instruction primaire, et aux louables dispositions de l'administration locale, elle
paraît sous un meilleur avenir. Tous les
habitants sont fort attachés au pays; rare-
ment on voit quelqu'un de nos paysans
quitter sa terre natale et parcourir en no-
made d'autres contrées, comme fait l'ha-
bitant de nos montagnes voisines. Ici, le

pauvre se contente des ressources de l'agriculture, quelque médiocres qu'elles soient pour lui : ou s'il exerce quelque industrie, c'est presque toujours au sein de sa famille. Généralement ils sont superstitieux et croient aux sorciers, à l'influence desquels ils cherchent à se soustraire par de puérils moyens, et dans les maux qui les affligent, ils recourent avec plus de confiance aux empiriques ou à de prétendus devins qu'aux hommes de l'art

CHAPITRE DEUXIÈME.

—

C'est à de pieux Cénobites de l'ordre de Saint-Bénoit, connu sous le nom de Congrégation des Exempts de France qui, affligés de la corruption du monde, cherchèrent un asile au fond des bois, que le Mas-d'Azil doit son origine. Tout entiers

1*

au travail et à la prière, ils construisirent
dans cette affreuse solitude, leurs cabanes
et leur modeste oratoire, et défrichèrent
péniblement le terrain nécessaire à leur
subsistance. Peu à peu ils devinrent puissants seigneurs d'une contrée vaste et
fertile, et la virent se peupler de nombreux
habitants.

D'après la tradition que j'ai recueillie dans
les mémoires du Syndic des Religieux,
l'établissement du monastère date de l'année 752, sous le règne de Pepin le bref.
« Le Mas-d'Azil, dit l'ancien manuscrit,
dépendait alors du Diocèse de Toulouse
où le Christianisme avait été généralement
reçu plusieurs siècles avant la seconde
race de nos Rois. Comme les Évêques
avaient une entière autorité touchant la
distribution des dîmes, tous les droits
qui pouvaient être accordés par l'Église

furent accordés à cette Abbaye qui était de fondation royale, et l'une des plus anciennes du Royaume. Elle ne trouva pas moins de protection dans la suite des temps auprès des successeurs de son illustre fondateur qu'elle en avait eu à sa naissance. En sorte que les Abbés et les Religieux qui se sont succédés ont pendant plusieurs siècles joui paisiblement de tous les droits honorifiques, féodaux, seigneuriaux, dîmes, prémices, et autres quelconques dans la vaste étendue de l'Abbaye (1). »

Ailleurs on lit : « Reconnaissant le peu

(1) Suivant la même tradition, j'ai remarqué qu'il était d'usage dans cette paroisse que le blé, maïs, fèves, pois, et autres légumes qui se sèment dans les champs labourables étaient sujets à la dîme, à la réserve des haricots qui en étaient exempts ; et qu'il n'était dû aucun droit de dîme des mêmes menus fruits lorsqu'ils étaient semés dans les vignes.

d'appui et le peu de support qu'ils pouvaient tirer d'eux-mêmes pour la conser-
vation de leurs droits, les Abbés et les
Religieux appelèrent à leur secours le
Comte de Foix, Roger, qui les ayant em-
brassés, prit leurs personnes et leurs
biens en sa protection et sauve-garde spé-
ciale. Aussi en considération de cette fa-
veur, ils lui donnèrent, ainsi qu'à ses
successeurs, la moitié de tous les biens et
droits seigneuriaux dépendants de l'Abbaye, nommés et délégués par le contrat
fait entre eux en l'année 1246. »

Au reste, dans les premiers temps, ce
Monastère ne portait d'autre nom que celui de Saint-Étienne d'Azil, et ce n'est
que dans une Charte de l'année 1151 qu'il
fut pour la première fois énoncé sous
le nom de Saint-Étienne du Mas-d'Azil.
(Mansiazilis.)

Au seizième siècle, quand la réforme eut pénétrée en France, quelques Protestants vinrent chercher un refuge dans ces contrées dans l'espoir d'y trouver un plus sûr abri contre les persécutions. Leur nombre augmenta bientôt, et dès que HENRI IV fut monté sur le trône, et qu'il eut assuré aux Protestants le libre exercice de leur culte, ils bâtirent au Mas-d'Azil un vaste temple dont on voit encore les vieux fondements, et quelques-uns dans les lieux circonvoisins. Le Curé et les Religieux forcés dans ces circonstances de quitter le Monastère, se retirèrent, les uns dans la ville de Monbrun, et les autres dans celle de la Bastide de Serou, dont les églises dépendaient de l'opulente Abbaye du Mas-d'Azil.

Maîtres de la ville, les Protestants se livrèrent à des vengeances coupables; ils brûlèrent les documents de l'Abbaye et démolirent dans leur fureur ce vieux cloître où le pieux cénobite offrait le spectacle édifiant d'une vie régulière et laborieuse ; cette église silencieuse où l'enfant offert par ses parents dès l'âge le plus tendre venait se consacrer à Dieu par les vœux solennels de la religion ; et ils se servirent des précieuses ruines de ce vaste monument pour se fortifier dans leur retraite. Aujourd'hui il ne reste plus la moindre trace de ce Monastère, et on chercherait en vain la place qu'il occupait si on ne rapportait au lecteur la copie d'un procès-verbal de visite d'un Religieux Bénédictin, Prieur de Saint-Martin de Castéras.

« Le 20 juillet 1640, étant arrivés au lieu où était jadis le Monastère du Mas-d'Azil, nous n'y avons trouvé que quelques masures et les vieux fondements d'une grande nef et chœur d'église qui prenait son entrée du côté de la halle ; le chœur était tourné vers l'orient et les fossés de la ville : au midi étaient les cloîtres, dortoirs, réfectoire et autres offices du Monastère, le tout environné de jardins arrosés par une fontaine abondante. »

Le magnifique carrelage de briques vernissées où étaient peintes des croix de Malte, des têtes de Saints, et d'autres figures symboliques que l'on trouva en 1791, quand on planta les beaux ormes qui ombragent le Champ de Mars, ne laissent aucun doute sur la vérité de cette assertion, ni sur la magnificence du Monastère. De nos jours on a trouvé des tuyaux en terre cuite qui avaient leur direction vers l'antique fontaine de Peyboué. On ne peut douter que ces tuyaux n'aient appartenu à la fontaine qui arrosait l'enclos du Monastère.

En 1593 le Mas-d'Azil fut menacé de la
peste qui sévissait dans quelques villes du
Comté de Foix et particulièrement à Pamiers d'où elle fut apportée par un individu
qui y exerçait l'état de passementier. Ce
dernier étant venu visiter son frère, lui
communiqua la maladie dont il était in-
fecté. Les plus vives appréhensions s'em-
parèrent du cœur des habitants, et pendant que le Pasteur du lieu s'efforçait de
les calmer par ses pieuses exhortations, il
fut lui-même atteint du mal qui répandait
la terreur, et mis à deux doigts du tombeau. Relevé de sa maladie, il invite ses
paroissiens à chercher dans l'humilité et
la prière le préservatif le plus sûr contre
la peste. Le mémoire qu'il écrivit de sa
main renferme outre les documents sur la
contagion, les prédications et les prières
qui furent prononcées durant les quarante

jours destinés à cette humiliation extraordinaire. Elle fut terminée par la célé-
bration d'un jeûne solennel publié à son
de trompe par les autorités locales.

La première prière qui fut faite sur la
place publique, et la prédication qui servit de début à toutes les autres, et qui fut
prononcée en plein air, au lieu dit *la
Bernède*, actuellement la promenade du
fond de la ville (1), donnent à connaître
ce qu'était le Mas-d'Azil à cette époque
sous le rapport religieux, et les modifica-
tions qu'y apporta plus tard la révocation
de l'édit de Nantes (2).

(1) En 1823 le Conseil Municipal fit cons-
truire le mur de soutènement qui longe cette
promenade et la rive droite de la rivière. En
1829 on fit les remblais et on planta les ormes.

(2) Ce manuscrit remarquable par son contenu
aussi bien que par son ancienneté, est entre les
mains de M. Vieu, Pasteur actuel.

L'an 1620, le Curé et les Religieux, étant revenus dans leur ancienne paroisse, ne trouvèrent plus rien de leur Abbaye et de leur Monastère que le clocher qui avait été ménagé par les nouveaux habitants, parce qu'il leur servait de fort. Il était d'une pierre dure, élevé sur quatre arceaux ouverts, et d'une grandeur prodigieuse. Les Religieux le firent murer, et dans le fond de ce clocher ils célébrèrent encore quelques années l'office divin.

Durant les troubles, les habitants des Bordes (1) avaient transféré dans leur ville les marchés et les foires qui se tenaient précédemment au Mas-d'Azil ; mais l'Abbé de Volnerre, animé d'un louable intérêt pour cette commune, voulait que ceux des

(1) La commune des Bordes est située sur la rive gauche de l'Arise, à une lieue et demie environ du Mas-d'Azil, au pied d'une belle colline.

Bordes se désistassent des droits qu'ils avaient usurpés. Sur leur refus, l'Abbé de Volnerre les attaqua par devant le Parlement de Toulouse. Ses justes réclamations furent accueillies favorablement, et en 1621 le Roi accorda aux habitants du Mas-d'Azil le droit de rétablir dans leur ville les foires et les marchés comme précédemment ; mais à la charge par eux d'améliorer les chemins de communication qui étaient fort dégradés (1).

Dans l'acte d'où j'ai extrait ces documents, on remarque que la principale industrie des habitants de cette ville était de

(1) Dans ces temps, il y avait au Mas-d'Azil trois marchés la semaine : le lundi, le mercredi et le vendredi ; et deux foires dans l'année : les jours de Saint-Etienne et de Saint-Féréol. Aujourd'hui on tient une foire le premier mercredi de chaque mois, et un marché par semaine.

fabriquer du salpêtre et de la poudre à canon. Le salpêtre se fabriquait indubitablement dans la grotte, puisque de nos jours on y trouve de grands tas de terre qui paraît avoir servi pour cet usage. Depuis long-temps on a abandonné ici cette branche d'industrie qui n'était d'ailleurs que passagère, puisqu'elle prit fin avec les événements de la guerre qui l'avaient créée.

Mais les guerres civiles de ce siècle obligèrent de nouveau le Curé et les Religieux à faire une retraite bien prompte. La Cour du Parlement de Toulouse leur envoya un courrier pour les avertir du peu de sûreté qu'il y avait pour eux, et les exhorta à se retirer au plus tôt. Les hostilités recommencèrent, et c'est dans ce temps que Louis XIII envoya une armée considérable commandée par le Maréchal de

Thémines pour accabler ou soumettre les Protestants de l'Albigeois.

Le Duc de Rohan, chef des Réformés, qui était dans le bas Languedoc pour s'assurer par sa présence des esprits divisés, tourna ses armes contre lui avec beaucoup de diligence. Mais déjà le Maréchal s'était avancé jusqu'aux portes de Castres. La Duchesse de Rohan qui commandait cette ville, le reçut en si bon ordre et avec tant de courage que le Maréchal éprouva beaucoup de pertes dans diverses escarmouches qui se firent. Ne pouvant rien entreprendre contre Castres, le Maréchal se retira à Saint-Paul de la Miatte, le prit d'assaut et le brûla; il tourna ensuite du côté de Réalmont, et vers la montagne du côté de Brassac jusqu'à Vianne; il passa à Lavaur, puis à Calmont, et de là il alla assiéger le Mas-d'Azil.

2

De toutes parts on voyait des ennemis
vaincus qui, abandonnant leurs héritages
dévastés, fuyaient en désordre devant l'armée du Maréchal, quand Jean du Teil,
deux de ses frères, et quatre de ses cousins, qui s'étaient réfugiés dans une ché-
tive maison de terre à Chambonnet, près
du Carla, arrêtèrent sa marche durant
deux jours entiers, et en diverses attaques tuèrent cinquante soldats. Cependant
n'ayant plus de munitions, et voyant ap-
procher quelques pièces de canon, ils voulaient se sauver pendant la nuit. Celui
qui alla reconnaître par où ils pouvaient
passer sans danger, revenait faire son rapport, quand celui de ses frères qui était
en sentinelle, le prenant pour un des ennemis, lui lâcha un coup de mousquet qui
l'atteignit à la cuisse. Ce malheureux se
traîna jusqu'à la maison, et enseigna aux

autres par où ils pouvaient se sauver sans être aperçus : il les exhorte à s'enfuir au plus tôt, et à le laisser seul exposé à la rage des soldats et à la colère du Général. Son frère, touché d'une résolution si héroïque, ne voulut point le quitter, et lui dit qu'il l'accompagnerait jusqu'au tombeau, puisque c'était lui qui l'y avait précipité. Jean du Teil voulut suivre leur fortune pour avoir part à leur gloire, et aima mieux mourir avec ses frères, que de jouir d'une vie qu'il n'aurait due qu'à une fuite honteuse. Les quatre cousins ne purent résister à des exemples d'un si grand courage, ils refusèrent de se sauver, et voulurent être les compagnons de leur mort, comme ils l'avaient été de leur valeur. Ils résolurent d'ouvrir la porte de leur maison dès le point du jour et de ne se défendre que l'épée à la main. Les ennemis

se jetèrent sur eux: les sept intrépides
guerriers les attendirent avec un courage
et une fermeté qui les étonna; mais après
une longue résistance, ils succombèrent
au nombre et à la force, et reçurent une
mort qui doit rendre à jamais leur nom
célèbre à la postérité (1).

Le Maréchal se dirigea ensuite vers les
Bordes, où il voulait établir des magasins
pour la commodité de son armée. Le Duc
de Rohan informé par Brétigni, Gouver-
neur du pays, que le Mas-d'Azil allait être
assiégé, ne perdit pas un instant pour y
envoyer du secours. Il envoya dire à Amboix, qui commandait aux Bordes, qu'il
brûlât cette ville, Sabarat et Cammarade,
afin que le Maréchal ne se prévalut pas du
pillage de ces trois bourgs qui étaient ha-

(1) Mémoires du Duc de Rohan.

bités par des gens riches et dont les dé-
pouilles auraient beaucoup contribué à
faire subsister l'armée catholique.

Amboix, homme de mérite et d'expé-
rience, alla au-devant du Maréchal, et
quand il eut obtenu la permission de lui
parler, il lui dit que tous ceux qui étaient
aux Bordes étaient de fidèles sujets du
Roi, qu'ils voulaient vivre et mourir pour
son service ; mais que craignant l'insolence
des soldats, ils le suppliaient de passer
sans entrer dans la ville.

Le Maréchal lui répondit que ce n'était
pas à eux à avoir de volonté devant une
puissante armée contre laquelle ils n'a-
vaient à opposer que leurs larmes ; qu'ils
devaient d'abord lui obéir en lui ouvrant
les portes, et qu'ensuite c'était à lui à leur
faire le traitement qu'il jugerait qu'ils auraient mérité.

N'ayant point de réponse plus favorable,
Amboix demanda du temps pour connaître
le sentiment des habitants des Bordes. Le
Maréchal qui craignit une trahison ne le
laissa partir qu'en gardant pour ôtages le
Pasteur et deux bourgeois qui l'avaient
accompagné.

Amboix voulait exécuter les ordres du
Duc; mais les habitants aimaient mieux
ouvrir les portes de la ville au Maréchal,
et s'abandonner à la compassion du vain-
queur, que de brûler leurs maisons comme
Amboix le leur proposait. Vainement celui-ci leur parla de menaces et de suppli-
ces que le Maréchal leur préparait; rien
ne put les faire changer de résolution. Ils
ne pouvaient se résoudre à mettre eux-
mêmes le feu à leurs maisons; et ils voulaient les abandonner au pillage et à l'insolence des gens de guerre, plutôt que

d'être les tristes instruments de leur ruine.

Ne pouvant les persuader, Amboix fit dire au Maréchal que le lendemain on lui ouvrirait les portes de la ville, et que les habitants voulaient lui témoigner leur obéissance en s'abandonnant à sa compassion; mais il donna secrètement l'ordre à ses soldats de brûler la ville.

Les soldats, pour exécuter l'ordre qu'ils avaient reçu de leur Chef, profitèrent des ténèbres de la nuit; et bientôt cette malheureuse ville, la proie d'un vaste et énorme embrasement, devint une scène de désolation, d'horreur et de désespoir.

Le Maréchal qui avait cru d'abord que cet incendie était l'effet du hasard, voyant que le feu continuait et qu'il suivait toutes les maisons sans que les habitants cherchassent à en arrêter les progrès, comprit qu'il avait été trompé; et dans son ressentiment, il donna ordre de pendre les trois ôtages. Mais ses officiers, touchés d'une juste compassion, l'en détournèrent, en le persuadant de l'innocence de ces trois malheureuses victimes. Il les fit mettre en liberté.

Cammarade et Sabarat, bourgs peu distants des Bordes, furent également brûlés, et les habitants de ces places se jetèrent dans le Mas-d'Azil, emportant dans leur fuite tout ce qu'ils avaient pu arracher à la fureur de l'incendie.

CHAPITRE TROISIÈME.

—

Cependant le Maréchal se hâta de mar-
cher contre le Mas-d'Azil, et du haut d'une
montagne, à la portée du canon, il alla
reconnaître la place et la disposition des
environs. Il vit la ville entourée d'eau de
tous côtés : car à la partie est, il y avait

*

un fossé large et profond pour recevoir
une partie des eaux de l'Arise qui coule à
l'ouest. La place était commandée de toutes parts ; mais elle était faible par sa situation, et ne pouvait être défendue que
par la résolution des assiégés. Aussi le
Maréchal conçut la plus grande espérance
de s'en rendre maître : il alla même jusqu'à dire au Comte de Carmaing, qui était
auprès de lui, qu'il espérait lui donner le
lendemain à souper dans la ville.

Pendant ce temps, l'armée royale commandée par d'habiles généraux, s'avan-
çait en bon ordre, autant du moins que le
permettait la difficulté du terrain. La route
était étroite, rapide et raboteuse, les roues
pesantes de la grosse artillerie s'embarras-
saient à tout moment dans les rochers : elle
était composée de huit pièces de 48 et de
six pièces de 36. Sept mille fantassins,

six cents chevaux de troupes réglées et
environ sept mille hommes de milice que
le Comte de Carmaing avait amenés de
son Gouvernement, gravissaient peu à peu
le penchant de la montagne, et se pla-
çaient en haie pour faire parade de leurs
forces et de leurs enseignes. Toute la
montagne dont le Mas-d'Azil est environné
était couverte de soldats, et le nombre en
paraissait encore plus grand par l'artifice
que le Maréchal mettait dans le déploie-
ment de ses forces. Les panaches des ca-
valiers flottaient au vent, leurs casques,
leurs cuirasses et leurs hallebardes étin-
cellantes brillaient aux yeux des assiégés;
mais ce terrible spectacle, loin de les ef-
frayer, échauffait leur courage.

Après avoir déployé ses forces, le Maréchal désigna ses quartiers : il bloqua la
ville de tous côtés. Il plaça dans les vignes

la milice et six régiments (1), il en mit un à la Quère (2), un à Brusquéte (3), et un autre (4) entre la Quère et Brusquéte pour garder le passage qui est le long de la rivière. Ensuite il attaqua la place par l'endroit le plus faible; il fit traîner son canon à travers les vignes, et le fit mettre en batterie au milieu du penchant du Poueich, sur un petit endroit élevé, à une portée de mousquet des remparts.

Ce côté, maintenant embelli par des jardins potagers, fertiles et agréables, était alors défendu par deux bastions dont il reste encore quelques ruines qui portent toujours le nom de *Bastion*. L'un mettait la ville à couvert du côté du moulin, et

(1) Les régiments de Normandie, Cursol, Vantadour, Toulouse, Baillac, Aigue-bonne. (2) Le régiment de Mirepoix. (3) Le régiment de Foin. (4) Le régiment de Vaillac.

l'autre du côté du pont de pierre ; mais la courtine qui joignait les flancs des deux bastions n'était qu'une vieille muraille sans être terrassée. Un grand fossé sans eau entourait cette muraille qui formait une demi-lune, et qui s'étendait jusqu'à la rivière qu'on pouvait passer à gué. Aujourd'hui tout a été complètement changé, et ce n'est que par la pensée que l'on peut à peine rétablir l'état des lieux.

Le Maréchal fit tirer tout le jour contre la courtine, dont on abattit environ 14 mètres ; mais ce dégât rendit l'endroit plus fort, car la brèche fut réparée avec une diligence incroyable avec des fascines et des tonneaux pleins de terre. Les femmes travaillaient aussi courageusement que les hommes, et le dégât que faisait le canon était chaque jour réparé avec la même promptitude.

Pendant ce temps, Saint Blancart qui,
par ordre du Duc de Rohan, avait pris à
Pamiers la conduite de trois cents hommes, entra dans la ville. Quand les assiégés eurent ce renfort, leur courage se
ranima. Dès lors ils tirèrent sans relâche
contre les batteries, blessèrent plusieurs
canoniers, et rendirent par ce moyen le
feu de l'ennemi plus lent; ils firent même
plusieurs sorties, où ils perdirent quelques-uns de leurs meilleurs soldats. Ils
avaient des munitions de guerre et des
provisions de bouche jusqu'à l'hiver, et la
ferme résolution de mourir plutôt que de
se rendre.

Telle était la situation de la place quand
Dusson, volant au secours des assiégés,
arriva au Carla avec trois cents hommes
du régiment de Lèques qu'il prit à Mazè-
res. Il n'ignorait pas que la ville était blo-

quée de toutes parts, que la circonvalla-
tion était faite, et qu'avant d'entrer dans
la place il fallait traverser des rochers
inaccessibles, forcer les lignes des ennemis, passer au travers de l'armée, com-
battre des postes avancés et passer une
rivière à gué. Mais considérant qu'il prenait les armes pour la défense de sa religion, et qu'il s'agissait de secourir le lieu
de sa naissance où sa femme était enfermée,
l'image de ces maisons brûlées, son bien
pillé, ses amis massacrés, le sang de ses
proches versé, et enfin sa patrie saccagée,
ce brave soldat ne s'intimida pas dans une
entreprise aussi périlleuse, et sut, par sa
valeur et sa conduite, surmonter tous les
obstacles qui s'opposaient à son dessein.
Il fit savoir à Saint Blancart qu'il allait le
secourir, et lui donna les signaux qui devaient le faire reconnaître.

Dès qu'il fut nuit, Dusson prit le chemin entre Daumazan et Campagne; il mon-
ta par Montfa, passa derrière le camp des
ennemis sans faire de rencontre fâcheuse,
et arriva par la partie ouest au sommet de
la montagne qui domine de ce côté le
Mas-d'Azil. Les guides ayant reconnu tous
les passages occupés, dirent à Dusson
qu'il n'y avait qu'un endroit par où ils
pouvaient descendre et que les ennemis ne
gardaient point, parce qu'ils le croyaient
assez défendu par la nature. Ils s'offrirent
de l'y conduire.

Les soldats qui jusque-là avaient paru
fort résolus, commencèrent à envisager la
grandeur du péril où ils allaient s'engager.
Il fallait descendre à travers d'un rocher
escarpé, qui par un précipice affreux les
conduisait, ou plutôt les faisait rouler dans
la rivière vers l'endroit d'où elle sort de

la grotte. Ils savaient encore qu'après
avoir échappé à tous ces dangers, il fallait
forcer un passage où les ennemis s'étaient
fortifiés. Ces difficultés abattaient leur ardeur; mais Dusson s'apercevant du désordre où ils étaient et de leur relâchement,
les anima par son exemple, par la gaieté
qu'il fit paraître, et tâcha par ces paroles
de réchauffer leur courage abattu :

  « Compagnons, mes frères d'armes,
» connaissant votre valeur et votre zèle
» comme je le connais, je ne vous enga-
» gerai point dans l'action que nous allons
» faire par la facilité que nous trouverons
» à l'exécuter, je sais que j'animerai bien
» plus votre courage en vous représen-
» tant tous les dangers où nous allons
» être exposés. Vous cherchez le péril
» parce que vous aimez la gloire. Nous
» avons une puissante armée à traverser,

» des lignes à forcer, des rochers escar-
» pés à franchir, et une rivière à passer à
» gué; mais de quoi ne sont pas capables
» des hommes de courage qui combattent
» pour la foi? Quelle gloire ne mériterez-
» vous pas, lorsqu'après avoir surmonté
» tous ces périls par votre valeur, vous
» vous trouverez dans la place chargés des
» louanges et des bénédictions des fem-
» mes, des enfants et des vieillards, aux-
» quels vous aurez rendu les biens, l'hon-
» neur et la vie. Les veuves et les orphe-
» lins viendront vous saluer comme leurs
» maris et leurs pères. Le temple que vous
» allez sauver d'un embrasement inévita-
» ble, ne retentira que de la gloire de
» votre action. Les bourgeois et les sol-
» dats viendront reconnaître qu'ils ne doi-
» vent leur bonheur et leur fortune qu'à
» votre bras. Méprisons donc tous les dan-

» gers qui se trouvent devant notre entre-
» prise, faisons-nous un passage à travers
» tant d'obstacles par l'ardeur de notre
» courage plutôt que par la force de nos
» armes. Mes compagnons, secourons au-
» jourd'hui nos frères, ou mourons glo-
» rieusement avec eux. »

Il n'eut pas plutôt prononcé ces paroles, avec toute la chaleur dont il était animé, qu'il vit d'abord ce que peut sur les cœurs généreux le courage et l'exemple d'un homme de résolution. Ils lui témoignèrent tous à l'envi l'impatience et l'ardeur dont ils brûlaient pour entrer dans la place.

Alors Dusson fit ses signaux, et à la tête de ses soldats il descendit par le *Solitaire*. Les assiégés avaient aussi fortifié ce passage : on y voit encore de nos jours les vestiges de quelques remparts ; mais Dusson passa sans obstacle. Arrivés au passage de *Laspré* (1), il prit un guide avec lui et voulut descendre le premier. Là, le passage est plus rude, et le rocher coupé en plusieurs endroits: quelquefois il fallait glisser au lieu de descendre; ils faisaient autant de chutes que de pas, car c'est bien moins un passage qu'un précipice. Cependant ils arrivèrent au bord de là rivière, n'ayant perdu qu'un seul homme qui s'était rompu le cou en tombant (2).

Ils marchèrent ensuite au bas de la montagne, et arrivèrent à un petit pré entouré d'un large fossé que gardait un corps de garde. Dusson descendit le premier dans

(1) *Laspré*, terme vulgaire employé pour échelle à un bras.

(2) En faisant extraire de la pierre, on a trouvé de nos jours, au fond de ce précipice, la garde antique d'un poignard. Ne serait-ce pas là garde du poignard du malheureux soldat qui y périt.?

le fossé l'épée à la main, en chassa les ennemis et entra dans le pré. Puis toujours
longeant la rive gauche de la rivière, ils
la passèrent à gué au-delà d'un petit pont
de bois pour entrer dans la ville par le
guichet d'une porte qui existe encore de
nos jours : seuls restes qui soient debout
des anciennes fortifications de cette ville,
que le peuple, dans son patois, appelle
las Escanères. Dusson fit entrer ses soldats, et voulut être le dernier. Madame
Dusson, impatiente de revoir son époux,
l'attendait avec anxiété. Dès qu'il fut en-
tré, elle le serra long-temps entre ses bras,
le couvrit de baisers et de larmes.

Cependant la joie publique et les ap-
plaudissements que tout le monde donnait
au dévouement de Dusson ne lui firent
point oublier qu'il en devait toute la gloire
à Dieu, et il alla dans le temple le remer-

cier d'avoir donné à son entreprise un si
heureux succès.

Saint Blancart, en reconnaissance du
service qu'il venait de rendre à la place,
lui donna le poste le plus honorable et lui
confia le soin de défendre la brèche avec
les braves qu'il avait amenés. Ce secours
arriva bien à propos, car le canon tirait
continuellement depuis quelques jours contre la courtine, et il ne se trouvait presque plus de monde pour réparer son dégât. Les uns avaient été tués, les autres
blessés et plusieurs rebutés par la fatigue.
La place était dans un extrême désordre,
et sans ce secours elle n'aurait pu tenir
contre un assaut.

Le Maréchal fut informé du secours
que les assiégés avaient reçu : aussi, considérant que la place ne pouvait être prise
que de vive force, il fit redoubler le feu

pour rendre la brèche plus grande et pour donner un assaut général. Il fit tirer deux mille coups de canon dans trois jours.

Le Comte de Carmaing, qui savait que la plus brave Noblesse était renfermée dans la place, et qui ne jugeait pas que la brèche fut assez grande, n'était pas du sentiment du Maréchal, et ne voulait pas qu'on tentât sitôt un dernier effort. Mais le Maréchal ne suivit pas son avis : il envoya reconnaître la place en plein jour par un officier armé, qui arriva jusqu'au bord du fossé sans qu'on tirât sur lui. Les assiégés n'étaient pas fâchés qu'on s'assurât qu'ils étaient en état de se défendre encore long-temps; mais cela produisit un effet bien contraire, car cet officier rapporta que la brèche était fort considérable, et que les assiégés étaient dans une si grande consternation que personne n'avait eu le courage de tirer sur lui.

Dès-lors le Maréchal crut que les soldats n'avaient qu'à se présenter pour vaincre, et fit donner l'assaut, le 12 octobre 1625, à 8 heures du matin.

La chaîne de montagnes qui entoure le Mas-d'Azil était de toutes parts couverte de spectateurs accourus en foule au bruit de cette journée pour être témoins d'une action si mémorable par tant de circonstances. Chacun était attentif au résultat d'un si grand événement, et le sinistre silence qui régnait de tous côtés donnait à cette scène un caractère solennel et terrible qui glaçait d'effroi.

Le régiment de Normandie s'avança le premier, passa la rivière à gué et se posta près du grand bastion (1). La Noblesse et

(1) On voit encore très-distinctement les res-

les Volontaires qui se trouvèrent dans l'armée au nombre de cinq cents, s'avancèrent jusqu'au pont de bois, et se préparèrent à passer par dessus la chaussée pour aller attaquer l'autre bastion (1) qui était au-dessous du moulin.

Dusson, qui commandait à la brèche, avait défendu à ses soldats de tirer ; il savait qu'un soldat qui a lâché son coup de fusil croit n'avoir plus rien à faire et ne songe qu'à se mettre à l'abri du danger. Il résolut de les attacher par l'action et de repousser les ennemis l'épée à la main.

Saint Blancart, pour ménager ses sol-

tes de ce bastion, plongeant dans l'Arise, au-dessous de l'abreuvoir dit du *Bastion.*

(1) Quand les eaux de l'Arise sont basses, on peut reconnaître, au pied du mur du jardin de M. de Saintenac, la place où s'élevait ce bastion dont les fondements se montrent à fleur d'eau.

dats , aurait voulu qu'on laissât arriver les
ennemis jusque dans le fossé , pour les as-
sommer sans aucun danger lorsqu'ils vou-
draient monter à la brèche ; mais Dusson
lui représenta que c'était donner aux ennemis un avantage trop glorieux que de
les laisser entrer jusque dans le fossé ,
qu'il fallait les attendre le plus loin qu'on
pourrait, que dans cette occasion il fallait
disputer un pouce de terrain jusqu'au dernier moment de leur vie , et qu'ils ne devaient leur opposer d'autre rempart que
leurs propres corps.

Saint Blancart se retira derrière le bastion pour donner les ordres dans la place,
et Dusson, à la tête des siens, descendit
dans le fossé ; il s'avança jusqu'à la pointe
de la demi-lune pour garder ce poste.

La première ardeur des ennemis fut
bientôt ralentie par la vigoureuse résis-

tance que les assiégés leur opposèrent. Le capitaine Valette se présenta des premiers avec une hache à la main, et abattit à ses pieds ceux des plus hardis qui étaient prêts à monter. Plus tard, victime de son courage, il reçut lui-même une mort glorieuse. La Reule et cinq vaillants officiers de la troupe que Dusson avait conduite périrent aussi en combattant.

Dusson, avec une ardeur infatigable, pressait les ennemis d'un côté, animait les siens de l'autre, et se portait partout où le péril était plus grand. Les femmes allaient souvent animer leurs maris et leurs enfants, et les échauffaient au combat par leur exemple et par leurs paroles.

Le combat fut sanglant et opiniâtre, les attaques promptes et réitérées; mais les ennemis furent sur tous les points repoussés avec tant de résolution, que leur va-

leur ne servit qu'à augmenter la gloire des
assiégés. Saint Blancart et Dusson se dis-
tinguèrent par des faits d'arme mémorables; ils se signalèrent par un courage
invincible, par une prudence et une sa-
gesse qui surpassent tout éloge. Ils furent
vaillamment secondés par Amboix et par
Escaich, qui donnèrent comme eux des
preuves d'un entier dévouement et d'une
valeur digne d'admiration : ils furent tous
les deux blessés dans le combat.

Du côté des assiégeants, la Noblesse fit
en vérité de puissants efforts; mais elle fut
toujours repoussée avec une intrépidité
héroïque. Sarraute , parent de Dusson ,
ayant pénétré dans le moulin y fut assom-
mé à coups de pierre par les femmes, qui
le traînèrent ensuite dans la ville par les
cheveux; mais dès que Dusson l'eut reconnu, il le fit emporter chez lui, et lui fit

rendre les honneurs funèbres qu'on doit à une personne de distinction, et que méritait une mort aussi glorieuse que la sienne.

Le Vicomte de Selles ayant placé une échelle pour monter au même endroit, vit au bout une femme qui tenait des pierres pour l'empêcher de passer outre : il lui tira un coup de pistolet qui lui perça le sein. La femme porta une main sur sa plaie, et de l'autre lui lança une pierre qui le fit rouler dans le fossé.

Les ennemis trouvèrent partout une résistance invincible, et repoussés avec grande perte, ils furent forcés de se retirer en désordre. Le Maréchal au désespoir d'avoir échoué dans une entreprise dont il attendait un plus heureux succès recommença trois fois le combat; mais il trouva toujours plus d'opiniâtreté et plus de résistance. Enfin, il fut obligé de lever le siége, et avec les débris de son armée il se retira vers le Lauragais.

Qui pourrait énumérer les grandes actions qui se firent de part et d'autre ? Jamais les combattans n'ont été plus animés. Les uns se battaient pour la gloire, les autres pour la religion, deux des plus puissants ressorts qui fassent agir le cœur de l'homme. Grand nombre de braves périrent ce jour-là, et quand de nos jours on creuse dans la ville quelque fondation, on trouve souvent près des ruines, des boulets parmi des ossements humains.

Ainsi se passa cette célèbre journée qui devait décider non-seulement du sort de la ville du Mas-d'Azil, mais aussi de celui de tous les Protestants. Cet heureux succès releva si fort leur parti qu'ils rentrèrent dans une grande considération, et décida la Cour à faire la paix à des con-

ditions très avantageuses pour eux ; mais
cette paix ne dura pas long-temps. Le
Roi, qui ne se croyait pas en sûreté, tant
qu'il voyait dans son Royaume un parti
qui lui semblait devoir être le noyau de
tous les mécontents, et un feu caché dont
ses ennemis étaient toujours en état de se
servir pour embraser tout le Royaume, se
prépara au siége de la Rochelle qui était
pour les Protestants une porte ouverte aux
secours qu'ils recevaient de l'Angleterre.
Il prit cette importante place, et abattit
si fort le parti protestant que celui-ci fut
forcé à demander la paix, et à accepter
les conditions que le Roi voulut lui ac-
corder en 1629.

CHAPITRE QUATRIÈME.

—

Après l'édit de pacification de 1629, le Curé et les Religieux ayant été rétablis dans la ville du Mas-d'Azil, encore fière d'avoir vu devant ses murs lever le siége à l'armée du Roi, ne trouvèrent plus rien de leur Monastère. Le beau clocher que les religionnaires avaient une fois ménagé, avait été rasé jusque dans ses fondements pour effacer dans son enceinte tout vestige de catholicité.

Pendant cinquante ans, le Curé et les Religieux, logés séparément dans de chétives maisons, sans monastère, sans cloître, et sans église, furent réduits à faire le service divin dans l'hôpital, au-dessus d'une vaste salle destinée à recevoir les pauvres et les malades de cette ville. Quelques ais entrelacés formaient un modeste autel, et les ornements sacerdotaux étaient renfermés dans une vieille caisse. La fumée, l'odeur infecte de ces lieux, et les cris plaintifs des malades, quelquefois même, comme cet édifice menaçait ruine, la neige, la pluie et toute autre intempérie du temps, troublaient les cérémonies religieuses. Les Novices furent contraints de se retirer à Toulouse, à Daumazan et à Campagne, où leur éducation fut confiée àdes précepteurs laïques.

Cependant le Curé et les Religieux montraient beaucoup de ferveur et de résignation à la volonté divine : il vivaient avec les Protestants dans une intelligence parfaite, et quand ils eurent attiré à leurs offices une quarantaine de Catholiques qui se rendaient des métairies voisines, l'ordre monastique qui continuait à jouir des revenus de l'Abbaye, fit bâtir, vers l'an **1680**, sur les fondements de son ancienne église, une chapelle qu'on agrandit dans la suite : c'est la même qui existe de nos jours ; elle est agréablement disposée, et d'une construction simple, dont toutes les parties ont entre elles une agréable proportion (**1**). Mais ce n'est plus cette

(1) En 1747 on fit le chœur de l'église. Le

belle église riche de sculptures et ornée
de huit grandes chapelles; ce n'est plus
cette nef hardie et profonde et ce beau
clocher dont la flèche aérienne s'éleva
majestueusement pendant plusieurs siècles au-dessus des brouillards épais qui
couvrent souvent le vallon.

D'un autre côté, trois Ministres Protes-

clocher fut construit depuis 1754 jusqu'à 1759 :
il a 28 mètres 75 centimètres de hauteur. En
1759 on fit les arceaux et le plafond de l'église :
on démolit un mur qui servait de séparation
entre l'enclos du Chapitre abbatial et la place
publique.

En 1791 la Commune vendit à M. d'Amboix
une partie du cimetière qui était au nord de l'é-
glise; le terrain restant servit pour dégorger la
rue de l'hôpital qui aboutit au Champ de Mars,
pour donner du dégagement à la place aux
grains et procurer à l'église plus de salubrité.

Ces documents, et la plupart de ceux qui
m'ont servi de guide pour ce Mémoire, ont été
puisés aux Archives de cette ville.

tants évangélisaient dans un vaste temple une population de trois mille âmes qui s'était réfugiée dans cette ville de Sabarat, des Bordes, de Cammarade, et de la ville de Pamiers qui avait été prise. On eut dit, tant étaient fréquentées les assemblées religieuses, que la persécution avait ranimé la foi, échauffé le zèle et purifié la piété de tout le monde. Les instructions du prédicateur étaient toujours simples et familières; mais elles étaient d'autant plus solennelles qu'elles étaient adaptées aux circonstances et proportionnées aux besoins des auditeurs.

Les choses étaient dans cet état lorsque les Protestants furent menacés d'avoir leur temple démoli, sous prétexte que le chant des psaumes interrompait le service divin. M. le Commissaire, exécuteur des volontés du Roi, fit assigner, le 22 avril

1682, le Pasteur et les Anciens du Consistoire pour avoir à se conformer à l'arrêt
du Conseil d'Etat du 21 février, qui fixait
à cent pas la distance des temples aux
églises paroissiales. D'après la vérification
qui fut faite, le temple de cette ville se
trouva dans le cas de démolition; car il
n'était qu'à une distance de vingt-neuf
pas de l'hôpital, et de quatre-vingt treize
pas et demi de l'église abbatiale. Sans tenir compte des allégations et oppositions
du Pasteur et des Anciens du Consistoire,
et malgré que le chant des psaumes qu'on
ne pouvait entendre depuis l'église, n'eut
jamais pu troubler le service divin, M. le
Commissaire en ordonna la démolition, et
indiqua à l'extrémité du vallon, sur le
chemin de Gabre, un endroit appelé Cla-
rette, où il serait permis aux Protestants
de rebâtir leur temple dans le délai de

six mois. Cependant le Pasteur et les Anciens du Consistoire en appelèrent au Roi ; mais pendant que leur requête était en instance, l'interdiction entière du culte protestant fut ordonnée par arrêt de la Cour, en date du 26 juin 1685. Dès-lors, ici comme dans toute la France, les Protestants furent exclus des assemblées de la ville et de toutes charges publiques : leur temple fut renversé, leurs biens confisqués, et leurs ministres proscrits. Les pauvres et les malades furent forcés de sortir de l'hôpital, et dans la nécessité pressante, cet édifice servit d'écurie et de magasin de foin pour les chevaux des troupes du Roi qui furent envoyés dans cette ville.

Dans ces temps critiques, quelques Protestants quittèrent le pays et portèrent leur fortune et leur industrie chez les

étrangers, d'autres changèrent de religion ; mais le zèle du plus grand nombre
ne fut point ébranlé et ne resta pas as-
soupi. Quoique couverts d'opprobres, re-
cherchés et poursuivis en tout lieu, ils se
rendaient avec constance dans les antres
des montagnes et dans les sombres réduits
des forêts pour écouter et méditer en
commun la parole de l'Evangile qui leur
était annoncée par un Pasteur ou par un
vénérable vieillard.

Cependant le nombre des Catholiques
augmenta dans cette ville de jour en jour.
Beaucoup d'étrangers attirés par la protection que le Roi leur accordait en ex-
cluant pour toujours les Protestants du
Consulat et du Conseil politique venaient
y habiter. On se vit bientôt obligé de pen-
ser aux moyens d'avoir une seconde église
suffisamment grande pour les contenir

tous, et où le Desservant pût faire ses fonctions curiales avec liberté et sans interrompre le service divin que les Religieux étaient obligés de faire tous les jours dans la chapelle qu'ils avaient nouvellement bâtie. Je n'entrerai dans aucun détail sur les violentes discussions qui s'élevèrent à ce sujet entre le Curé et les Religieux : seulement je dirai que la bonne intelligence dans laquelle ils avaient toujours vécu, fut alors troublée par un vil intérêt.

A cette époque, il y avait dans cette ville quarante conseillers politiques, dont trente-huit laïques et deux ecclésiastiques; il y avait aussi trois consuls : ceux-ci jouissaient d'une plus grande autorité, ils administraient la justice criminelle jusqu'à la peine capitale, et la justice civile jusqu'à 3 fr.; ils administraient les affaires de la police pour l'usage d'un petit communal; ils avaient le droit d'établir des foires et des marchés, et autres prérogatives; ils portaient la livrée du Roi, rouge et noire. Pour prêter le serment de fidélité, un d'entre eux, pourvu de la procuration des autres Consuls et de la Communauté, se rendait à Foix; et là, en présence d'un Commissaire extraordinaire, Conseiller du Roi, Membre de la Chambre des Comtes de Navarre, chargé de recevoir la foi, les hommages, et les serments de fidélité dus à sa Majesté, nu-tête, les deux genoux à terre, sans épée, dague, ceinture et éperons, sans manteau et sans gants, les deux mains jointes, posées sur les quatre Evangiles, il représentait la foi, rendait l'hommage, et prêtait le serment de fidélité qu'ils devaient et qu'ils étaient tenus de faire au Roi.

En 1694, pendant que la France était en guerre avec toute l'Europe, une cruelle famine désolait ces contrées. Les hommes furent réduits à se nourrir de la chair des chevaux, à manger des chiens, et même d'autres animaux morts de maladie. Les pauvres manquaient de toutes choses nécessaires à la vie; ils ne trouvaient pas même autant d'orties qu'ils auraient souhaité pour s'en nourrir; et pour comble de maux, la mort frappait indistinctement de sa faux sanglante sur tous les âges et sur tous les rangs (1).

Epuisée par cet enchaînement de malheurs, la ville ne pouvait subvenir à la moindre dépense pour bâtir une église

(1) Cette note se trouve dans l'ancien cadastre de la Commune de Cammarade, où un Prêtre l'écrivit de sa main pour perpétuer le souvenir de cette désolante famine.

comme les circonstances l'exigeaient. Le
Curé demanda qu'il lui fût permis de rétablir à ses frais l'ancien hôpital et d'y
transférer le culte divin. On ne s'y opposa
pas, à condition toutefois que, si à l'avenir on faisait bâtir une autre église, ou
qu'il y fût pourvu de quelque autre manière, il serait obligé de rendre l'hôpital
à la Communauté. Cette église devint dès
lors l'église paroissiale : les curés qui
l'ont desservie, ont joui pendant une longue suite d'années, de tous leurs droits,
honorifiques, temporels et spirituels.

Je laisse dans l'oubli les lettres de ca-
chet, je passe sous silence le nom de ceux
qui les ont sollicitées, et ne veux point
rappeler aux familles les membres qui furent enlevés à la tendresse de leurs ancê-
tres. Je me hâte d'arriver à des temps plus
heureux.

Sous le règne de Louis XVI, la fureur de la persécution contre les Protestants se calma. Au commencement, les assemblées religieuses ne se tenaient pas sans danger ; mais ils ne tardèrent pas à jouir de la liberté du culte public. N'ayant pas de temple, ils se réunissaient dans une maison particulière, consacrée au service religieux. Que dirai-je de la joie qu'éprouvèrent les cœurs qui formaient chaque jour des vœux pour le triomphe de leur foi ? Que dirai-je de l'empressement et du zèle que chacun apporta pour le rétablissement du culte ? Tous redoublèrent de ferveur : les assemblées étaient toujours nombreuses, car la persécution avait excité dans l'âme de chacun le désir de s'instruire.

L'Ordre monastique, jadis si florissant dans cette ville, mais alors tombé en dé-

cadence, fut supprimé en 1774 , et une
partie des biens réunie au séminaire de
Rieux. Cependant cette suppression ne
devait commencer qu'au décès de chacun
des Prieurs et Religieux du Monastère ;
car il leur fut permis de jouir, leur vie
durant, de tous les biens, droits et revenus de l'Abbaye ; mais, dès ce moment,
l'église conventuelle appartint à la paroisse avec les meubles, effets, et vases
sacrés. Le service y fut transféré, et l'ancienne église paroissiale appartint à l'hôpital qui fut rétabli par les soins de M. de
Lastic, Evêque de ce Diocèse. Les Dames
de Nevers qui en eurent la direction rendirent à la ville du Mas-d'Azil d'impor-
tants services, soit par l'instruction gra-
tuite dont toutes les classes de la société
profitaient, soit par les soins qu'elles portaient aux malades et aux nombreux né-

cessiteux de cette paroisse. Mais à la Révolution ces dispositions changèrent : ces
pieuses Dames, contraintes de quitter
cette ville, y laissèrent un honorable souvenir et de profonds regrets....

Bientôt inventée par la politique mo-
derne, l'Eglise constitutionnelle, couverte
d'un masque d'hypocrisie, fit retentir les
beaux noms de bienfaisance, d'humanité,
de philanthropie, de lumières, de raison,
et couvrit ces égarements du beau nom
de Philosophie. Produite sous ces appa-
rences séduisantes, elle eut ses adorateurs
dans tout le Royaume, elle fut louée, défendue et protégée; mais ensuite aban-
donnée au mépris, plongée dans l'avilis-
sement, elle fut persécutée à son tour.

Alors toute religion fut proscrite et ex-
posée à la dérision publique. On déclara
ne reconnaître d'autre Divinité que la

Raison. Les édifices consacrés à l'exercice
des cultes chrétiens furent fermés, ou
consacrés à des usages profanes. La Convention se rendit en grand cortége au
Temple de la Raison pour offrir ses ado-
rations et chanter l'hymne consacrée à la
nouvelle Divinité. Les images vénérées
furent renversées, déchirées et foulées
avec dédain, et les ridicules cérémonies
des Théophilanthropes remplacèrent les
solennités du Christianisme, jusqu'à ce
qu'enfin, forcée par les circonstances et
des raisons de politique, la Convention
se détermina à décréter la liberté de
l'exercice public de tous les cultes, et
rendit ainsi au peuple le droit le plus sa-
cré qui lui avait été ravi; car, quelle in-
sulte plus grave que de refuser à l'homme
le libre exercice d'un droit fondé sur la
nature?

Depuis ces temps de troubles et de va-
riations, les Catholiques et les Protestants
du Mas-d'Azil vivent en frères, et contri-
buent également au bien de la société.
Puisse cette union vivre d'âge en âge jusqu'à la postérité la plus reculée ! Que toujours on se souvienne que la vraie piété
est charitable, pleine de douceur et de
bienveillance, et non animée, ni brûlante
de ce zèle amer et contentieux qui donna
lieu jadis à tant de scènes de désolation,
de deuil et de larmes, et à l'effusion d'un
sang cher au trône et à la patrie !

Les Protestants qui n'avaient pas de
temple achetèrent l'ancien hôpital, qui fut
vendu durant la Révolution. Ils y ont cé-
lébré le culte religieux pendant quelques
années ; mais cet édifice tombant en ruines, ils l'ont démoli, et y ont bâti, en
1821, un vaste temple, au frontispice du-

3*

quel est gravée en lettres d'or, sur une table de marbre noir, cette inscription :
A LA GLOIRE DE DIEU.

Tels sont les mémorables souvenirs qui se rattachent à la petite cité du Mas-d'Azil. Combien d'autres, non moins précieux, n'ont pas été effacés par la main du temps, ou perdus par la négligence des hommes? Ainsi passent les Révolutions avec leurs bruyants événements. Aujourd'hui, la France rendue au repos, recueille en paix les fruits d'un Gouvernement constitutionnel.

FIN.